VOLUME 51

LA NATURA DEI SOGNI

PROIETTARSI NEL FUTURO

Prima edizione

Carlos L Partidas

ISBN: 979 8500 6512 73
REGISTRAZIONE DELLA PROPRIETÀ INTELLETTUALE SAPI: N° 8074
DEL COMPENDIO LA CHIMICA DELLE MALATTIE
REPUBBLICA BOLIVARIANA DEL VENEZUELA, 07/05/2010
Diritti registrati

DEDICATORIO

Alla memoria dell'illustre scienziato italiano Galileo Galilei, che
Albert Einstein definì il primo fisico sperimentale della storia.
Galileo ha vissuto fino in fondo l'atrocità dell'Inquisizione, quando gli
scienziati che contraddicevano la parola di Dio venivano condannati a
morte, per cancellare dalla memoria della scienza chiunque contra
dicesse l'esistenza di Dio. Tuttavia, fu Galileo Galilei che aprì la strada
allo sviluppo della scienza, perché fu seguito da Isaac Newton, Albert
Einstein e Stephen Hawking tra gli altri.

CONTENUTO

i

RICONOSCIMENTO

ALLE SCIENZE CHIMICHE, FISICHE E MATEMATICHE COME LE
DISCIPLINE CHE SPIEGANO L'ORIGINE FISICA ED ENERGETICA
DELL'UNIVERSO E DI TUTTO CIÒ CHE ESISTE NELL'UNIVERSO;
COMPRESA LA NATURA SPIRITUALE E IL CORPO DI TUTTI GLI ESSERI
VIVENTI...

1

DA TOLOMEO A GALILEO

L'idea del tempo futuro sarebbe ciò che motivò il greco Claudio Tolomeo a considerare il ragionamento del geocentrismo; un'ipotesi che durò più di 1.500 anni. Fino a quando il polacco Nicolao Copernico analizzò che il centro dell'Universo era il Sole; cioè, la teoria dell'eliocentrismo, perché per Copernico il centro dell'Universo non era la Terra, come l'aveva immaginato Claudio Tolomeo. Ma, seguendo la traiettoria di questi pensatori, forse il più eccezionale tra loro fu l'italiano Galileo Galilei, che si rese conto che il centro dell'Universo non era né la Terra né il Sole. Ma questa realtà cosmologica era dovuta al fatto che Galileo Galilei era in grado di vedere al di fuori della Terra con il suo nuovo cannocchiale. Questa affermazione costò a Galileo la sua fama di pensatore, quando Galileo dovette ritrattare per non essere condannato al rogo dal papa dell'epoca. Forse Galileo lo fece solo per salvarsi dall'illogica condanna, dato che Galileo era convinto che né la Terra né il Sole fossero il centro dell'Universo.

Tuttavia, ciò che abbiamo analizzato fino ad oggi, è che l'Universo si sta ancora formando da solo; e che tale formazione è iniziata davvero dal nulla.

Potremmo dire che, dai tempi di Claudio Tolomeo fino a Galileo, si è cercato di decifrare le incognite che potessero rivelare gli eventi relativi al tempo futuro; poiché Claudio Tolomeo non era solo un filosofo ma anche un astrologo, che non è altro che un modo di vedere che il tempo è ciclico. Pertanto, ci si aspetta che gli eventi si ripetano man mano che la ruota del tempo gira. Ma la verità è che, attualmente, si sa che la presunta ruota degli eventi non gira, ma che si va avanti insieme alla forza espansiva dell'Universo, e su una linea di eventi senza alcuna possibilità di tornare indietro. Pertanto, gli eventi continueranno ad apparire man mano che l'Universo avanza, ma non sapremo come saranno quegli eventi che non sono ancora accaduti, perché viviamo in un momento eterno.

Tra gli esseri viventi, è l'essere umano che vive più nell'attesa degli eventi a venire; cioè, l'essere umano vive in un ciclo ripetitivo di eventi. E non saremo consapevoli degli eventi passati, perché si stanno allontanando dalla realtà nella nostra memoria, o perché la distanza li sta cancellando dall'archivio della nostra mente. Quindi, di solito non ci rendiamo conto che gli eventi non possono essere ripetuti durante la nostra breve esistenza come esseri viventi.

Così, l'Universo cresce esponenzialmente e in modo accelerato verso un punto finale, che non potrà mai essere raggiunto; poiché, l'Universo cresce nel centro del nulla; quindi, gli eventi futuri non sapremo veramente come saranno o come accadranno. Possiamo viaggiare solo sulla linea reale della distanza, e non su una linea immaginaria o presunta del tempo.

L'unico modo per vedere in modo relativo, quegli eventi che sono legati a quello che chiamiamo tempo futuro, è per qualcuno che sta viaggiando sulla Terra; cioè, con una velocità pari a zero rispetto alla Terra, noi come spiriti possiamo muoverci più velocemente della velocità della luce, poiché un raggio di luce è ciò che porta l'informazione visiva in modo che una persona che viaggia sulla Terra possa vedere gli eventi.

Ma, fare una prospettiva nel tempo o vivere immaginariamente qualcosa che non è ancora accaduto, è forse il risultato di voler essere preparati ad affrontare in qualche modo, un evento inaspettato; o quello che può essere legato più alla felicità personale o all'aspetto economico che all'avvenimento spirituale; poiché, molte persone associano la felicità alla prosperità economica, ma dimenticano che la prosperità spirituale o lo sviluppo di se stessi, ha un valore maggiore di qualsiasi bene materiale. Ma ancora, alcuni vorrebbero vedere solo la soluzione della loro felicità e dei loro problemi finanziari qui sulla Terra; quindi, cercano di predire quegli eventi che verranno come una soluzione che è legata alla possibilità di possedere beni materiali.

Tuttavia, l'addestramento o la conoscenza della natura dei sogni, non è per vincere un premio che ha a che fare con la ricchezza materiale per soddisfare l'economia, ma, sapendo come si producono i sogni, questa conoscenza acquisita può essere utilizzata per avvisarci, o per aiutarci a correggere alcune qualità negative, ed essere così in grado di evolvere quando superiamo il limite che ci dà la mancanza di conoscenza. Come nel caso delle fobie; o per renderci ogni giorno persone più utili e migliori. Persone utili per tutta la società delle persone, ma anche per tutta la comunità degli esseri viventi che esistono sulla Terra. La conoscenza è l'unica cosa che ci libera e ci rende esseri più evoluti e coscienti dal punto di vista spirituale.

Vedere gli eventi del futuro attraverso i sogni è qualcosa che possiamo fare; ma solo come una conquista personale, o ciò che possiamo vedere nei sogni lo possiamo realizzare per noi stessi. Tuttavia, l'essere umano ha cercato di sviluppare diverse forme e metodi con lo scopo di divinare il futuro per gli altri; anche se raramente questi metodi vengono applicati per se stessi; ma forse è così, perché questi sistemi non hanno un valido supporto scientifico, o non sono più di un sostentamento basato sulle coincidenze.

Tuttavia, ciò che cercheremo veramente di svelare in questo libro, è come possiamo proiettarci per prevedere come sarà un evento, percorrendo una distanza e una sequenza di immagini attraverso il sonno; o essendo in uno stato di rilassamento; ma, quando ci svegliamo o entriamo di nuovo nella realtà dopo essere rimasti letargici, possiamo vedere che, apparentemente siamo stati capaci di viaggiare in un momento che appartiene a un tempo futuro. Futuro, solo per correggere una qualità del carattere personale, o per avere un miglior rendimento relativo alla nostra intelligenza, stile e modo di vivere. Diciamo il rendimento del nostro stile di vita, perché se volete acquisire questa conoscenza per vincere un premio o per speculare economicamente con ciò che avete imparato, vi possiamo assicurare che non funziona per questo.

Potremo solo divagare in modo personale attraverso una sequenza di immagini mentali, con lo scopo di vedere gli eventi in modo istantaneo, poiché le immagini si sveleranno senza alcun senso logico nel cervello; o sono immagini proiettate elettronicamente sullo schermo della nostra mente. Anche se in realtà, se siamo fuori dal corpo, possiamo spostarci da un luogo all'altro quasi istantaneamente, poiché lo spirito è fatto solo di energia magnetica; o non contiene alcuna forma di massa. Quindi, come spiriti, saremo in grado di muoverci con una velocità superiore a quella della luce.

Il corpo è fatto solo di materia elettronica; così, come corpo non possiamo viaggiare così velocemente, perché il corpo è la stessa energia elettronica ma in una forma condensata. La materia elettronica del corpo non può funzionare come materia vivente senza l'energia magnetica dello spirito; poiché sono necessari entrambi, cioè materia elettronica ed energia magnetica, ma l'energia dello spirito è la forza che dà vita al corpo elettronico.

Invece, il tempo è solo una variabile matematica; cioè, un modo ausiliario di interconnettere una variabile reale come la distanza. E questa relazione ci dà un'idea della velocità con cui ci muoviamo nello spazio fisico. Ma il tempo non esiste come quantità tangibile, poiché il tempo non si emana in modo effettivo nell'Universo, quindi non possiamo avere un flusso di una sostanza che potremmo chiamare tempo.

L'unica cosa che si produce in forma percepibile nell'Universo, sono due tipi di energia: l'energia elettronica che si genera dal movimento; e l'energia magnetica che appare dal movimento dell'energia elettronica. L'energia elettronica viene agglomerata dalla forza integratrice dei gluoni e forma la materia elettronica; o diciamo che, in questo modo, si produce tutta la materia che esiste nell'Universo. E l'energia magnetica si agglomera con la forza degli urdiri e forma la parte cosciente dell'Universo, cioè gli spiriti, che vivono come esseri energeticamente conformati e in modo indipendente in qualsiasi luogo dell'Universo.

Gli esseri viventi, o gli esseri formati dall'integrazione della materia elettronica con l'energia magnetica dello spirito, esistono solo sulla Terra.

La distanza è reale, perché può essere misurata, ma appare perché cresce con l'aumentare della dimensione della sfera energetica dell'Universo.

La crescita dell'Universo non è finita, cioè è un'attività ancora in corso, poiché la formazione dell'Universo dal suo inizio non è ancora culminata. Ma la crescita dell'Universo non si fermerà ad un certo punto nel tempo o nel tempo a venire, perché l'Universo crea e cresce da solo dal nulla da un punto zero. Oppure l'Universo non raggiungerà un punto finale in un tempo finale che è nel più infinito; cioè, il tempo futuro non esiste per l'Universo.

O non saremo mai in grado di raggiungere un equilibrio termico o uno stato finale nel più infinito; quindi, l'Universo è eterno. E lo spirito è ugualmente eterno, perché lo spirito è fatto solo dall'energia magnetica emanata dall'Universo. Quindi, l'energia dello spirito non può essere distrutta, perché l'energia magnetica non forma massa; cioè, l'energia dello spirito non potremo cambiarla in nessun modo.

In modo tale che, come spiriti, abbiamo molto tempo per vivere; cioè, per essere ed essere in qualsiasi parte dell'Universo; quindi, dovremo imparare a vivere tra di noi e come coesistere con gli altri esseri viventi. Quindi, per ottenere questo, è necessario acquisire la conoscenza; che ci permetterà di risvegliare lo stato di coscienza che è ancora addormentato. E sarà per correggere gli errori, che alcuni di essi ci insegnano anche a vivere perché abbiamo memoria. O a considerare quelle contraddizioni in cui siamo incorsi in questo cammino evolutivo; a meritare di marciare insieme o allo stesso ritmo o bussola che ci segna la crescita dell'Universo.

Noi formiamo la parte cosciente dell'unico Universo che esiste, poiché il movimento del primo quantum energetico che formò l'Universo fu un bosone. In tal modo, questa realtà ci allontana dalla possibilità di avere un numero infinito di universi, o un numero di universi multipli, poiché due bosoni non possono esistere nello stesso livello quantico. Perché se due bosoni si fossero formati allo stesso livello quantico, questi due bosoni si sarebbero uniti per formare un unico bosone di energia superiore. Ma si presume che solo un singolo bosone si sia formato durante i primi secondi della formazione dell'Universo; quindi, c'è solo una possibilità; quindi, abbiamo solo un Universo.

Poi, è apparsa una particella che girava da sinistra a destra, ma la prossima particella che si è formata doveva girare da destra a sinistra; e in questo modo si sono formati i primi due fermioni. E dall'alta velocità di rotazione di questi due fermioni si formò la materia, cioè i buchi neri, le galassie, i soli, i pianeti e i corpi fisici di tutti gli organismi viventi che esistono sul pianeta Terra.

In modo tale che tutti gli esseri viventi, diciamo gli altri animali, gli insetti e le piante, sono in realtà i nostri fratelli energetici. Sia perché la nostra nascita fisica ed energetica è avvenuta grazie al movimento dell'Universo, sia perché tutti gli esseri viventi sono in un modo o nell'altro la parte cosciente dell'Universo.

E per quanto riguarda gli esseri viventi che includono l'essere umano, possiamo solo dire che l'essere umano è quello dotato della qualità che chiamiamo coscienza, ma non sappiamo se gli altri esseri hanno la conoscenza dell'esistenza dell'Universo. Possiamo solo dire e assicurare che anche gli altri esseri viventi hanno sentimenti. In modo tale che tutti hanno guadagnato lo stesso diritto di esistere. O come l'essere umano, tutti gli esseri della Terra hanno lo stesso diritto di vivere; quindi, non può rientrare nella coscienza di un essere umano evoluto, l'atto di togliere la vita fisica ad un altro essere vivente; solo per un piacere, o per nutrirsi con la carne del corpo di un fratello genetico ed energetico.

Ma essere consapevoli dell'esistenza di se stessi e della realtà che l'unico creatore di tutto ciò che esiste è l'Universo, è qualcosa che nasce dalla stessa energia magnetica che ci ha formato come spiriti. E il grado di coscienza raggiunto, è come se mettessimo il nostro sviluppo spirituale su una scala energetica; e per mezzo della quale, potremmo misurare quanto siamo arrivati; cioè, abbiamo raggiunto il nostro sviluppo energetico mentre avanziamo lungo il nostro complicato cammino evolutivo. E il cammino è accidentato, perché forse passare attraverso questa esperienza evolutiva su questo pianeta, o essere parte di un essere vivente sulla Terra, è una delle prove più difficili da raggiungere; poiché, vivere sulla Terra è come essere in un mondo sotterraneo.

Ma, quando siamo parte di un corpo fisico in questo mondo sotterraneo reale, la coscienza, se vista da questa prospettiva, è un insieme di funzioni che hanno origine principalmente nel cervello, come la mente, la conoscenza, la psiche, la percezione, il ragionamento, l'intelligenza, l'apprendimento, la creatività energetica, la capacità di trasformare e creare; così come la qualità dell'immaginazione di voler viaggiare nel tempo e voler prevedere gli eventi a venire; cioè, la prospezione nel tempo; oltre ad altri processi cognitivi.

Ma tutte queste qualità nominate, fanno parte del concetto che ci siamo fatti, per raggiungere un certo grado o in modo individuale nella nostra scala che segna la nostra esperienza evolutiva. Perché queste qualità fanno parte della nostra esperienza; cioè, della conoscenza che ognuno di noi possiede della nostra esistenza in modo esclusivo; o delle nostre azioni e della nozione che abbiamo di come è realmente il mondo che ci circonda. Poiché, queste qualità saranno l'unica cosa che ci appartiene personalmente; e tutte, fanno parte di quanto siamo riusciti ad avanzare per conto nostro. Che sarà ciò che ci permetterà di valutare la nostra scala evolutiva individuale, o come opportuno beneficio.

Cioè, l'evoluzione che abbiamo raggiunto finora nella nostra scala, ci appartiene come nostra propria conquista; e sulla quale ci proiettiamo per continuare ad evolvere per conto nostro. È ciò che ci riveste di un nuovo abito energetico; o quello di essere esseri energetici sempre più sviluppati. Perché in realtà, le sostanze o gli ornamenti materiali terreni non ci appartengono in modo relativo o assoluto.

Così, quando ci stacchiamo dal corpo elettronico come energia magnetica, l'unica cosa che terremo con noi sarà l'energia mentale, che sarà illuminata da quelle esperienze raggiunte.

Ma è l'energia che ci conforma come corpi energetici indistruttibili; poiché lo spirito non può essere distrutto da un altro spirito; ma nemmeno può distruggere se stesso, poiché lo spirito non forma materia, perché è solo energia.

Quindi, poiché siamo spiriti fatti solo di energia, non potremo riprendere nemmeno un atomo di tutto ciò che abbiamo usato per vivere dentro un corpo fisico. Potremo portare con noi solo l'energia che porta la conoscenza; cioè, con le nostre esperienze acquisite, che potremo realizzare in qualche modo, ma se impariamo a proiettarci in un tempo immaginario o probabile in modo cosciente; e a sapere che questo tempo rappresenta solo l'adesso. Ma sarà ciò che ci farà apparire come esseri distinti ed evoluti.

Quindi, è necessario sapere come funziona la nostra mente fisica e psichica, che evidentemente coinvolge il cervello e l'energia che muove il cervello; in modo che con questo, e dal punto di vista della conoscenza, possiamo sapere come possiamo accumulare o annullare le esperienze nel mondo fisico, e poi trasferirle all'energia del nostro abito spirituale; che è l'energia della crescita o di un'evoluzione cosciente.

E questo spiega perché, quando siamo parte di un corpo fisico, continuiamo ad avere il ragionamento come base delle nostre azioni; poiché in un certo senso, siamo l'energia che guida o l'energia che conduce le azioni verso il mondo fisico dall'energia spirituale del pensiero; usando per questo il meccanismo biologico del corpo fisico, che è fatto solo di materia elettronica; e l'energia magnetica che identifichiamo come energia psichica, è ciò che siamo realmente.

In questo modo, la coscienza psichica è l'energia che racchiude e dirige i processi mentali; ed è in sostanza, un insieme di funzioni con i suoi diversi gradi di sviluppo, che abbiamo raggiunto attraverso l'apprendimento. Tra le altre cose, questo sviluppo raggiunto, sarà quello che determina gli atti relativi alla buona morale, o tutti gli atti che consideriamo; e sono quelli che ci avvisano, quando sono inappropriati per l'esistenza dal punto di vista fisico.

Ma forse la funzione più importante o sviluppata della coscienza è la capacità di ragionamento. La coscienza è ciò che ci permette di svolgere le funzioni della vita; e insieme all'azione del pensiero, ci permette o ci dota della volontà su come siamo realmente, o in quali cose useremo le nostre risorse energetiche. Allo stesso modo, la coscienza è la capacità di ricordare o avere memoria, e questa è una qualità essenziale, poiché la memoria è ciò che ci permette di ridefinire le nostre azioni future in base alle esperienze che abbiamo realizzato. Ci dà la capacità di essere in grado di trasmettere agli altri ciò che abbiamo imparato, per aiutare gli altri a risvegliare lo stato di coscienza. Ma questa conoscenza è ciò che ci trasforma e ci dota di arricchire la nostra buona volontà attraverso le esperienze accumulate, in modo che ogni individuo possa costruire e ricostruire la propria scala di coscienza.

A volte, la coscienza mal indirizzata può cambiare l'individuo, o può condurlo senza rendersene conto, verso strade diverse; anche se più avanti o quasi alla fine del suo soggiorno, si rende conto che quella non era la strada da seguire. E questa è una realtà che avrà un impatto sulla coscienza o sull'apprendimento dell'essere umano che non è preparato, perché tutto questo processo di insegnamento e nozioni dipenderà dalla convinzione che ognuno ha di se stesso. Cioè, dalla fiducia in se stessi; il che dimostra che l'essere umano è cosciente, anche se non sappiamo se il resto degli animali ha lo stesso grado di coscienza. Poiché, come abbiamo detto, sappiamo solo che gli animali hanno sentimenti. Anche se possiamo dedurre che, certamente, ciò che esiste realmente sono i diversi gradi di coscienza.

Per esempio, la coscienza è in realtà di una triplice natura: istintiva, perché geneticamente è ciò che forma fisicamente l'essere umano; tuttavia, ciò che si osserva è che anche altri esseri hanno l'intuizione. La coscienza appresa; perché in ogni occasione che si presenta, l'apprendimento sarà ciò che modellerà il temperamento di ogni individuo; ma l'apprendimento è anche una qualità presente in altri esseri viventi. E la terza è ciò che fa parte dell'individuo come essere spirituale fatto di energia; ma, se gli altri esseri sono vivi è perché hanno lo stesso tipo di energia magnetica che li muove; e quindi, tutti noi siamo collocati con qualche grado nella scala della coscienza.

Invece, nell'essere umano, le diverse capacità della coscienza sono geneticamente determinate dalla scelta o dal desiderio di imparare; il potere di decidere e di ciò che si vuole dominare per mezzo di una certa disciplina. Ma sarà solo di un interesse specifico; o per realizzare un certo obiettivo, o secondo ciò che è implicito nei piani individuali e in modo specifico in ognuno. Oppure possiamo dire che, apparentemente, alcuni esseri umani sono più consapevoli del loro grado di coscienza.

Vale a dire che la capacità evolutiva è anche una qualità presente in altri esseri viventi; e forse che la capacità evolutiva è più sviluppata nell'essere umano; il che è dovuto alla sua costituzione genetica, o alla qualità di camminare o muoversi in

posizione eretta, pensare, immaginare, progettare, schematiz-
zare, progettare e costruire con materiali e trasformarli o saper
mescolare energie e materia per ottenere altre energie o materiali fisici ed energetici diversi.

Cioè, l'essere umano ha la capacità e il potere di gestire realmente ciò che pensa; o di sapere come elaborare e conservare
il cibo; e il potere di realizzare o materializzare in una forma
fisica, tutto ciò che l'essere umano può elaborare con la risorsa
che gli dà la capacità della sua mente energetica.

Ed è questo interesse o impulso evolutivo, che è realmente
contenuto nella memoria energetica dell'essere umano. Ma è
quello che si sovrappone per guidarci dove vogliamo veramente andare, o secondo quegli scopi precedentemente pianificati. Vale a dire che la coscienza è il risultato di diversi processi psichici e intellettuali appresi e stabiliti, e di cui alcuni
formano i parametri che si identificano in ogni individuo in
modo particolare, e ogni individuo adatta i suoi parametri secondo le proprie esperienze e conoscenze.

La combinazione di informazioni provenienti da queste diverse fonti e la loro elaborazione da parte della corteccia cerebrale è ciò che produce la psiche, cioè il pensiero; ma la psiche è ciò che dirige il nostro stato di coscienza. Tuttavia, una
caratteristica importante è sapere che, come energia, siamo
realmente i direttori di questo gran numero di qualità che i
nostri neuroni devono eseguire. Quindi, se la parte fisica funziona correttamente, naturalmente saremo in grado di guidare la nostra mente in modo più utile, verso certi obiettivi
specifici, o quando siamo già consapevoli di ciò che vogliamo
veramente essere e raggiungere, attraverso una chiara appli-
cazione delle nostre azioni psicologiche.

E uno dei modi per ottenere questo è essere in uno stato di quiete, o essere in grado di spegnere o mettere in pausa altre attività neurali. Inoltre, imparare e praticare una respirazione profonda e ritmica, per attivare e dirigere le attività neuronali. La respirazione cosciente ci permette di rifornirci; per proiettare le nostre immagini mentali in modo più elaborato o definito. Vale a dire, preparare ed elaborare in modo visivo, ciò che vogliamo essere o fare da questa condizione di rilassamento, o da uno stato di quiete indotta.

2

L'ATTIVITÀ DEL PENSIERO

Per mantenere lo stato di quiete, è necessario pacificare coscientemente ed efficacemente le funzioni neuronali; poiché le cellule della corteccia cerebrale sono mantenute in uno stato attivo e costante; vale a dire, i neuroni cerebrali non riposano, perché i neuroni sono mossi dall'energia magnetica dello spirito. E se non c'è energia per muovere i neuroni, il corpo sarà effettivamente senza vita. In questo modo, il pensiero è difficile da controllare o fermare, poiché è dislocato; quindi, dobbiamo imparare o sapere come orientare e fissare le nostre azioni o emozioni energetiche, per avere il controllo o poter dirigere i nostri pensieri.

I sensi sono fondamentalmente ciò che è necessario per eseguire le azioni del pensiero, o per controllare la manifestazione dell'energia magnetica dello spirito attraverso il corpo:

per esempio, avremo bisogno dell'orecchio per placare il sistema nervoso; quindi, ascoltare un qualche tipo di suono o musica monotona senza salti o alterazioni, come il lungo dei concerti, può essere utile per indurci al sonno letargico; cioè, come se stessimo dormendo ma senza essere addormentati.

Un esempio di suono monotono è rappresentato dalla continuità sonora di un treno quando si muove lungo le rotaie. La frequenza del suono ripetitivo stimola lo stato di sonnolenza solo se impariamo a padroneggiare il bordo del sonno, che si ottiene anche quando ci svegliamo al mattino.

Il prossimo è l'olfatto, che risponde alla stimolazione sensoriale per effetto di un aroma; quindi, la rilevazione di un odore piacevole può evocare una situazione che ci porterà allo stato di rilassamento.

La visione interna o mentale quando chiudiamo gli occhi, ci guiderà o dirigerà verso ciò che vogliamo proiettare sullo schermo della nostra mente; ma saranno quegli obiettivi prestabiliti o pianificati durante lo stato cosciente o di veglia.

Potremo toccare le cose immaginate, con lo scopo di percepire la forma e la consistenza di quelle forme poste sullo schermo della mente. In questo modo, il tocco utilizzato in modo mentale immaginato, espande la nostra capacità di realizzare realtà e di percepire le cose in modo più efficace; poiché, con il tocco mentale e la visualizzazione, metteremo al lavoro un maggior numero di neuroni cerebrali, e in questo modo, il mondo che immaginiamo sarà più reale.

Ma, in generale, possiamo concludere che il cervello non ha pause nella sua attività energetica, o non si ferma; quindi, è necessario indurre il sonno o il rilassamento mentale cosciente; o sapere che siamo effettivamente come se dormissimo, ma in modo riflessivo. È come svegliarsi, ma il nostro corpo rimane ancora addormentato.

Questo stato mentale semi-sonnolento può essere raggiunto solo con la pratica, cioè con un allenamento costante, preferibilmente allo stesso tempo e in modo cosciente, per ridurre o controllare la nostra attività mentale in modo automatico, spontaneo o naturale. Perché se non raggiungiamo il controllo della nostra mente, il nostro cervello ci dominerà e andrà fuori controllo. Oppure salterà da una parte all'altra da un'immagine all'altra per mettere in ordine quelle immagini mentali; per costruire o formare una storia con esse. Una storia che, dal punto di vista del cervello, corrisponde ad una sequenza logica; anche se non lo è dalla nostra prospettiva reale come individui. Perché i sogni che non sono sotto il controllo della nostra mente, possono essere senza senso.

A causa della sua attività conduttiva della corrente nervosa, negli interruttori, cioè nella sinapsi dei neuroni, si producono pulsazioni elettroniche che trasformano la corrente elettronica in un segnale di natura chimica. Questo, allo scopo di mettere in azione o eseguire un'azione fisica su un muscolo specifico; quindi, è necessario il rilassamento, allo scopo di diminuire l'effetto prodotto nella sinapsi dall'azione elettrochimica; poiché questa attività sinaptica dipende anche dall'attività neuronale.

Nello stato di veglia, questa attività elettrochimica nella sinapsi, cioè negli interruttori dei neuroni, è ciò che ci permette di muoverci, cantare, gridare, saltare, arrampicarci o parlare, cioè di comunicare o dirigere qualcosa che è esclusivo per noi, o di poter esprimere a modo nostro i nostri sentimenti per mezzo di movimenti gestuali. La forma di uno sguardo, un gesto o emettere un suono che non può essere scritto o descritto, ha un effetto o è ugualmente il modo più efficace per esprimere un sentimento; poiché, la comunicazione gestuale è più efficace di quella parlata. Oppure, per mezzo di un gesto, possiamo esprimere meglio un piacere, un dubbio, un rifiuto di rifiutare un atto che non è di nostro gradimento.

L'attività nervosa nel suo insieme è il risultato di un trasferimento di cariche elettroniche, la cui funzione principale è quella di provocare un'attività chimica. Pertanto, questa attività elettronica funziona utilizzando una soluzione salina di ioni sodio, potassio e calcio; dove gli ioni sodio, potassio e calcio svolgono l'importante ruolo di trasportare la corrente elettronica dal cervello centrale attraverso i neuroni. Cioè, questi ioni sono i conduttori della corrente nervosa, il cui scopo è quello di guidare il muscolo.

In questo senso, se i livelli della soluzione salina incaricata di condurre la corrente nervosa non sono in equilibrio; o perché il corpo non è sano, la trasmissione elettrica neurochimica è ostacolata, o i segnali che vogliamo siano prodotti non vengono eseguiti. Per esempio, se la concentrazione dello ione calcio rispetto alla concentrazione degli ioni sodio e potassio è molto alta, la conduzione dell'impulso elettrico sarà a causa dello ione calcio; e in questo modo, la trasmissione della corrente neuronale sarà più lenta, o la stessa è ostacolata. La pressione alta, per esempio, ci fa sognare come se ci arrampicassimo o ci muovessimo attraverso dei labirinti.

In modo tale che, per lo stato di rilassamento e proiezione verso un presunto evento futuro, dobbiamo necessariamente essere sani, o almeno scaricare la vescica urinaria e l'intestino, per mantenere l'equilibrio elettrolitico. Allo stesso modo, dovremo evitare il consumo di sostanze che ci inducono ad uno stato artificiale di rilassamento; come l'alcol, o qualsiasi tipo di farmaco. Vale a dire, di droghe; poiché la proiezione mentale è fondamentalmente un autocompiacimento; o è una conquista unica che ci aiuterà ad arricchire in modo sobrio la conoscenza di ciò che siamo realmente, perché ciò che vogliamo con il rilassamento cosciente dirigere la nostra mente, è fondamentalmente allargare di più la scala evolutiva della nostra coscienza.

Oppure possiamo dire che, questa complessa rete di neuroni, sono i conduttori che interconnettono elettronicamente l'attività creativa del cervello, dove si basa l'energia della nostra coscienza. Quindi, questa interconnessione è necessaria per raggiungere il nostro sviluppo, e tutta l'infinita capacità creativa che la nostra mente possiede.

Gli ormoni e le altre sostanze neurotrasmettitrici sono quelle che eseguono l'azione dei nostri pensieri; ma inoltre, queste azioni elettroniche ci aiutano a regolare le altre attività consce e inconsce che sostengono e motivano la nostra vita.

Lo sviluppo energetico sarà ciò che determina la nostra capacità spirituale; quindi, la cosa migliore sarebbe sapere come funzionano questi circuiti neurotrasmettitoriali; sapere per esempio, quali cose mangiamo e quali non dovremmo mangiare, con lo scopo di non interferire o deteriorare la corrente elettronica del nostro complesso sistema nervoso e digestivo.

Quando mangiamo proteine, colesterolo e cellule di origine animale, queste sostanze ci causano i danni fisici che ci provocano le malattie; ma anche queste abitudini apprese contribuiscono ad indurre un danno morale psichico o un sentimento negativo, quando capiamo che in realtà ci stiamo nutrendo con la carne di un fratello energetico.

Perché gli animali, come gli esseri umani, sono composti dallo stesso tipo di cellule; e l'energia magnetica che ci muove tutti come esseri viventi è emanata dall'Universo. Ma l'unica cosa che ci fa sembrare fisicamente diversi è la disposizione genetica delle basi nel DNA. Il codice genetico di ognuno è diverso, perché è formato da materia elettronica; e la materia elettronica è modificabile o può essere alterata modificando la posizione o la sequenza di queste basi nel DNA.

In questo modo, la vita o l'atto di vivere, è un processo puramente chimico ed elettronico, cioè energetico e genetico, cioè dove tutti sulla Terra, siano essi piante, animali, insetti o uomini, hanno lo stesso diritto di partecipare a questo solenne atto di vita. Ma l'atto di vivere non appartiene come un'eredità assegnata o in modo esclusivo solo agli esseri umani.

Sappiamo che tutti gli esseri viventi hanno intuizioni e sentimenti; ma non sappiamo se hanno coscienza; perché ci sono esseri umani che non hanno coscienza. Ma la coscienza è anche un atto evolutivo; quindi, l'idea è che nei millenni a venire, sia gli animali che gli esseri umani che sono ancora indietro, possano risvegliarsi e sviluppare il loro stato di coscienza.

Possiamo dire, riguardo al cervello, che lo squilibrio mentale è una disabilità causata dall'ignoranza del vero scopo della vita;

e del modo di nutrirsi. Le disabilità fisiche e mentali si verificano fondamentalmente a causa del modo in cui ci alimentiamo; cioè, le malattie organiche come il cancro, il diabete, l'artrite e gli infarti, non corrispondono a un malfunzionamento del cervello o del sistema digestivo; ma la disabilità del nostro corpo elettronico, l'abbiamo causata noi stessi, perché siamo i direttori dell'energia magnetica.

E la ragione principale è la mancanza di conoscenza del funzionamento del corpo e dello spirito. Perché chimicamente è un atto aberrante quando uccidiamo per nutrirci della carne di un fratello energetico, che è geneticamente uguale a noi. Ma quello che ci succede, non è per mancanza di abitudine; ma perché chimicamente il corpo di qualsiasi essere vivente è fatto da cellule. E le cellule di tutti gli organismi viventi, senza eccezione, sono chimicamente uguali; perché tutte le cellule sono fatte di DNA; e nel DNA le coppie di basi sono accoppiate nella forma: adenina-timina e guanina-citosina.

Ma se alteriamo questi accoppiamenti tra le basi, o se facciamo sparire una di queste basi nel nucleo cellulare in questo modo di nutrirci con le cellule di un fratello genetico, la sequenza delle coppie di basi sarà alterata, e con questo, provocheremo un errore genetico nel nostro vero DNA. In modo tale che ogni individuo vivente è diverso solo nell'ordine in cui queste coppie di basi sono collocate nel DNA. Pertanto, quando mangiamo le cellule e le proteine di un fratello genetico, stiamo causando un cambiamento nel percorso della sintesi biochimica ed enzimatica; e creiamo per nostra colpa uno squilibrio; cioè, un'alterazione chimica, fisica e mentale; per cui, creeremo anche diversi tipi di malattie.

Ma sarà necessario controllare e correggere in tempo questi errori, perché possono portarci all'imperfezione, dato che, per esempio, le carenze dovute a varie cause, si manifesteranno o ci colpiranno individualmente; e forse in modo irreversibile o quando sarà troppo tardi, perché l'avanzamento della nostra età non si ferma o non possiamo fermarlo o rallentarlo.

Così, se raggiungiamo un'età avanzata senza la conoscenza di come avvengono le malattie e le attività neurologiche, sarà quasi impossibile per noi cercare di correggere in tempo alcune di quelle qualità negative, o quando non avremo più tempo per realizzarlo, almeno alla fine di questo tempo. O forse passeremo ad un'età in cui non ci renderemo nemmeno conto di aver sprecato di nuovo l'opportunità di cambiare il nostro modo e stile di vita.

Un esempio che potremmo prendere per spiegare l'alterazione fisica e neurologica è l'alcolismo, attraverso la cosiddetta sindrome di Korsakoff; perché questa è una condizione che include principalmente disturbi mentali. Generalmente, la sindrome appare in quelle persone che sono abituate a un eccessivo consumo di alcol. Questo problema, che è di origine chimica e poi diventa neurologico, è causato quando si rimane in uno stato di piacere che è solo illusorio. In questo caso, la capacità di memoria sarà colpita e, di conseguenza, l'apprendimento sarà limitato, ma saranno coinvolte altre funzioni cognitive. Così, sarà impossibile rilassarsi, se pratichiamo il consumo di alcol come forma di fuga, o quando non riusciamo ad affrontare i nostri limiti e obiettivi da soli e in modo sobrio.

Piuttosto che nello stato di rilassamento, uno degli scopi può essere quello di sradicare il vizio dell'alcolismo, che si otterrà se cambiamo il segnale o l'immagine mentale con una figura opposta, cioè mettendo sul nostro schermo mentale una bevanda che non contiene alcol, perché se mettiamo sul nostro schermo mentale la figura mentale di una bottiglia con una bevanda che contiene alcol per negarlo, piuttosto quello che possiamo fare è incitarci a consumare più alcol.

Oppure possiamo, in modo sobrio, risolvere altri vizi, come il fumo, la paura di volare in aereo, le vertigini, la paura del palcoscenico o la paura di parlare in pubblico, ecc.; cioè, tutti i nostri problemi di origine psicologica.

L'alcol si posiziona nella sinapsi; così, le alterazioni mentali si manifestano come un'amnesia o la difficoltà di poter ricreare gli eventi più recenti. Anche se possono verificarsi anche gli effetti di un'amnesia prolungata, che scatenerà all'inizio, la difficoltà di ricordare gli eventi passati, o quelli che corrispondono alla memoria autobiografica; la cui affettazione è quella che porta a perdere la realtà della nostra esistenza; cioè, non sapere chi siamo e quali sono i nostri scopi nella vita.

I vuoti di memoria tendono ad essere riempiti da esperienze o situazioni passate, che sono solo nella mente del soggetto colpito, il quale le inventa senza esserne consapevole, e procede ad un dialogo ad alta voce con se stesso in genere per attribuirsi un complesso di colpa. Manifesteranno anche difficoltà di apprendimento, cioè la capacità di essere analitici e di avere criteri propri; quindi, c'è un ritardo nello sviluppo della personalità, o che permetterebbe loro di avanzare o di estendere la scala del grado di coscienza.

Ma, inoltre, l'alcolismo può influenzare l'umore, la disperazione o assegnare la sfortuna a un destino. E per giustificarsi in questo modo, assegnano la situazione o la sfortuna alla sfortuna; ma in realtà, è una situazione che gli alcolisti hanno forgiato per se stessi. E questi squilibri possono aggravare le relazioni familiari e le affezioni legate alla salute. E tutti questi cambiamenti sono ormonali, che sono controllati dalla ghiandola pineale, che è la ghiandola che secerne la melatonina. La melatonina è l'ormone necessario per il controllo biologico e altre emozioni. Abbiamo detto alcol, ma lo stesso si può dire per la nicotina nel caso del fumo e per i narcotici o gli allucinogeni.

Il cortisolo è generato dall'angoscia; quindi, il cortisolo fa diminuire il livello di insulina per aumentare il livello di glucosio nel sangue, al fine di scappare dalla situazione fuggendo. Pertanto, sarà di ulteriore beneficio il processo di rilassamento e la respirazione consapevole. Oppure l'ascolto di musica rilassante e adatta a indurre l'immobilità, al fine di abbassare il livello di cortisolo, poiché la musica e la tranquillità, hanno l'effetto di abbassare il livello di questa sostanza. E naturalmente, allevierà anche quei disturbi che hanno a che fare, per esempio, con affezioni di origine neurologica o emotiva.

Una mucca che viene trasportata in piedi in una gabbia ostile, o che si trova nella linea di macellazione, conosce per intuito la sua disgrazia; così il suo organismo genera cortisolo con lo scopo di poter sfuggire a quell'atto ignominioso. In modo tale che, quando si mangia la carne della mucca morta, si consuma il cortisolo generato da quell'angoscia.

Quando pratichiamo il rilassamento, otterremo anche una pausa per placare la nostra attività mentale, o per diminuire l'attività elettronica del cervello; poiché, per esempio, la privazione del sonno influenzerà negativamente le funzioni elettroniche del cervello, o l'attività mentale senza riposo, causa affaticamento nervoso. Pertanto, uno stato di rilassamento per 20 minuti e la saturazione di ossigeno attraverso la respirazione cosciente è equivalente ad aver dormito tutta la notte.

A seconda del compito assegnato, il cervello cercherà di compensare gli effetti negativi causati dalla mancanza di sonno attivando altre aree della corteccia cerebrale. L'attività della corteccia cerebrale può essere misurata sulla superficie del cuoio capelluto sotto forma di onde a bassa tensione, o registrata tramite elettroencefalogramma.

Nel sonno profondo, o nello stato di coma, appaiono onde di bassa frequenza; cioè, onde di bassa attività elettrica lungo tutta la corteccia cerebrale il cui valore è compreso tra 1 e 3 onde al secondo, mantenendo il livello di eccitazione al di sotto di quello necessario per la coscienza nello stato di veglia o condizione.

Quando l'individuo che dormiva si sveglia, il livello di eccitazione corticale aumenta allo stesso ritmo, finché nel sonno leggero le onde sorgono più rapidamente nell'encefalo; e sono tra 6 e 7 cicli al secondo.

Quando si raggiunge lo stato di coscienza sveglia, le onde raggiungono il ritmo alfa di 8-13 cicli al secondo, che sono la frequenza delle onde di Schuman. Ma già quando c'è un livello nello stato di veglia, si osserva uno schema diffuso e interrotto dell'attività elettrica o schema di allerta, che dimostra una maggiore attività elettronica dei neuroni.

Questo schema spezzettato dell'attività elettrica nella corteccia cerebrale ci mostra che le cellule gliali che assistono chimicamente i neuroni dell'ippocampo sono quelle coinvolte nel processo della memoria. Ed è così che si formano i ricordi, le sensazioni, i sentimenti, le idee, la creazione, i pensieri e la capacità d'immaginazione, cioè il potere di vedere le immagini che appaiono elettronicamente nella nostra coscienza psichica. Ma ciò che si forma è una visione elettronica o la prospettiva di un mondo personale, o quello che è proprio o individuale di ogni essere vivente. Perché ognuno sognerà scene formate con immagini diverse.

L'alta concentrazione di ossigeno che si ottiene durante la respirazione profonda nel sonno fa sì che il lattato all'interno delle cellule venga convertito in piruvato. E durante il sonno, dal piruvato, si formerà di nuovo il glucosio dello zucchero. Pertanto, l'alta energia del glucosio ci fa svegliare; cioè, ci svegliamo riposati o riparati dopo il sonno.

Ma se l'acidità è alta all'interno delle cellule, allora il lattato genererà acido lattico, che danneggerà il sistema enzimatico o riduttivo all'interno delle cellule, causando insonnia, cancro o diabete, quando l'alta acidità all'interno delle cellule danneggia le cellule pancreatiche che producono insulina.

Il sistema enzimatico all'interno delle cellule è rappresentato principalmente dagli enzimi superossido dismutasi, glutatione e vitamina C. Se questi enzimi riducenti sono disattivati all'interno delle cellule, la funzione antiossidante e ossidativa del sistema NAD e NAD^+ sarà interrotta. Il sistema NAD è responsabile dell'ossidazione dell'atomo di ferro dell'emoglobina da ferro II a ferro III, ma allo stesso tempo della sua riduzione da ferro III a ferro II, in modo che l'emoglobina possa trasportare alternativamente ossigeno e anidride carbonica.

Cioè, se il sistema NAD è danneggiato, ostacolerà il processo di respirazione cellulare o la produzione di energia termica nei mitocondri all'interno delle cellule. E se non hanno ossigeno, i mitocondri inizieranno a produrre energia termica fermentando lo zucchero glucosio, che è anche conosciuto come glicolisi. Ma, se la produzione di calore avviene tramite la glicolisi, si produrrà irreversibilmente acido lattico, che danneggerà il sistema enzimatico riducente all'interno delle cellule. E l'alta acidità impedirà all'emoglobina di trasportare ossigeno alle cellule; ma anche l'emoglobina non sarà in grado di portare fuori dalle cellule l'anidride carbonica sotto forma di acido carbonico. In altre parole, quando consumiamo carne e zucchero sotto forma di saccarosio o zucchero da cucina, inabilitiamo gradualmente l'emoglobina, che è responsabile di svolgere il processo di respirazione insieme alla mioglobina.

L'encefalo funziona per mezzo degli schemi estratti dalle informazioni che riceve dai sensi, o creando modelli di quello che per ogni individuo sembra essere il modo in cui il mondo è. Cioè, l'encefalo può essere messo al lavoro in diversi modi; e ognuno di questi modi, elabora un concetto che rappresenta un mondo interno diverso per ognuno, o che la forma e la prospettiva di come ognuno vede le cose, sono completamente diverse. Sono mondi propri.

Ma, molte volte è possibile ingannare il cervello, o esso inganna se stesso, quando il mondo esterno non coincide con il mondo interno di immagini, suoni, aromi, ricordi e tutte le percezioni che si generano nel cervello. O quelle forme legate alle illusioni visive, faranno sì che l'ignoranza di come funziona l'energia elettronica del corpo, gli obiettivi di vivere come spiriti, più il fatto che tutti noi emaniamo energeticamente dallo stesso e unico Universo, possono portarci a concludere che non esiste un vero mondo esterno.

Alcuni credono che non ci sia vita dopo la morte; così per loro, quando l'essere vivente muore, scompare anche la realtà dell'Universo; che è un pensiero che non ha senso, perché noi siamo la parte cosciente dell'Universo. Ma la realtà è che il nostro Universo non scompare con la morte del nostro corpo, ma passiamo a vivere nel nostro mondo spirituale come energia magnetica. E come esseri viventi, siamo tutti fratelli e sorelle. Anche se per ogni individuo c'è solo il suo mondo, e sarà il mondo che il suo cervello può catturare o quello che il suo cervello percepisce internamente. Ma se siamo preparati e realmente consapevoli della nostra realtà, allora possiamo cominciare a praticare i nostri esercizi di rilassamento fisico e mentale.

3

PROIETTANDO NEL TEMPO

Così, come il nostro mondo mentale sembra essere il nostro, così dobbiamo raggiungere il nostro progresso o evoluzione spirituale per conto nostro; cioè, dobbiamo crescere spiritualmente secondo i nostri standard individuali. Ma non importa quanto piccoli e insignificanti siano i nostri risultati, si suppone che stiamo imparando. Quindi, qualsiasi cosa facciamo e realizziamo personalmente, quel risultato sarà di grande valore per la nostra crescita spirituale.

Per esempio, si dice che Gesù, cioè il mio energico fratello, sedeva intorno al Maestro con altri compagni per ascoltare gli insegnamenti. Un giorno, Gesù capì le parole del Maestro: "...Io sono la risurrezione e la vita...". Gesù si separò dal gruppo e si mise in cammino per compiere la sua missione, cioè insegnare agli altri ciò che aveva imparato. In un'occasione, Gesù arrivò al tempio di Eliopoli; ed essendo lì, riuscì a superare le prove delle sette iniziazioni; per questo, i sacerdoti del tempio di Eliopoli concessero a Gesù il titolo di Cristo; cioè, l'Illuminato e da quel momento chiameremo Gesù, Gesù il Cristo.

Mentre gli altri studenti rimangono ancora seduti ad ascoltare contemplativamente il Maestro. Quindi, è necessario comprendere l'obiettivo della vita, per poter emergere come Maestri dei nostri atti; o per raggiungere la nostra evoluzione attraverso il nostro sforzo. Poiché non avrebbe molto senso aspettare di passare di grado in grado, rimanendo tutto il tempo seduti intorno ad un Maestro. È necessario che l'allievo diventi un Maestro; cioè, il Maestro delle proprie buone azioni.

La visione interna, o quella che si fa ad occhi chiusi, è legata al fenomeno del phi, cioè della sequenza di immagini che, proiettate ad una certa velocità e sequenza, generano la sensazione di movimento e formano una storia. È così che sono fatti, per esempio, i cosiddetti cartoni animati di Walt Disney, per citarne alcuni. In questi cartoni, il movimento deve essere sincronizzato con il suono per creare la sensazione che la scena sembri reale.

Ma il cervello non crea il suono perché non può sincronizzare il suono con le immagini che proietta, per cui non ci svegliamo quando sogniamo per l'effetto che causerebbe il suono; quindi, le scene che si generano nel cervello sono mute. La scena udibile ci farebbe svegliare improvvisamente dallo stato letargico del sonno. Questo spiega che il cervello lavora in realtà attraverso la proiezione continua e sequenziale di immagini fisse, per generare solo la sensazione di movimento attraverso il fenomeno phi.

Quindi, il cervello deve mettere in ordine una serie di immagini per proiettarle sullo schermo della mente; ma a volte, se stiamo dormendo, e il suono delle voci che stiamo ascoltando se sono reali, allora il cervello può adattare le immagini al suono per creare la sensazione del movimento muto.

Questo è il modo in cui si genera la natura dei sogni; o è ciò che rende alcuni sogni assurdi o altri sogni senza senso; poiché essi sono solo, o corrispondono a immagini che il cervello mette in movimento, utilizzando il fenomeno sensoriale phi.

Questa caratteristica o natura dei sogni si produce perché qualsiasi immagine che viaggia al cervello elettronicamente, sarà registrata nella retina per un breve periodo; in modo tale che, quando si mette un oggetto davanti all'occhio e lo si toglie rapidamente, qualsiasi persona che lo sta guardando, continuerà a vederlo nello spazio virtuale, poiché il cervello, conserva per un breve periodo l'impressione della luce ricevuta che genera la corrente elettronica che formerà l'immagine nel cervello.

Cioè, il cervello non può spegnere l'immagine immediatamente, o quando l'oggetto si ritira dalla nostra vista; poiché le immagini sono solo fenomeni di natura elettronica.

Questo è ciò che spiega perché gli spiriti possono vedere immagini senza avere un corpo fisico; o che possiamo vedere con gli occhi chiusi; o che i bambini quando sono ancora nel grembo materno possono vedere immagini. I nonni defunti possono conversare con i loro nipoti, solo quando i nipoti sono bambini; perché lo spirito del nonno defunto deve informare il bambino che è suo nonno. Ma il bambino non si spaventa, perché la figura dello spirito del nonno è come un ologramma energetico, quindi il bambino vedrà lo spirito del nonno come un'immagine reale.

Possiamo dire che, in questi casi, gli occhi sono solo le finestre attraverso le quali gli spiriti possono vedere. E queste immagini si formano in modo invertito nel cervello, ed è per questo che di solito sogniamo di andare avanti ma all'indietro. La luce ricevuta non si cancella istantaneamente, perché ci lascia una traccia energetica; quindi, l'immagine che si conserva è in forma elettronica.

Ma forse, i bambini nel grembo materno sognano attraverso il fenomeno phi, poiché molti bambini sembrano sorridenti nel grembo materno. E quando nascono, i bambini continuano a sorridere mentre dormono, e poi quando aprono gli occhi, cioè quando si svegliano, i bambini possono vedere le sagome reali degli spiriti. I bambini, uscendo dall'oscurità del grembo materno, hanno una condizione di visione più estesa o in una gamma di lunghezze d'onda più ampia nello spettro visibile; se li paragoniamo al più corto spettro visibile in cui può vedere un adulto.

Cioè, i bambini possono vedere nella gamma visibile, che deve essere tra 350 e 750 nanometri, e sentire gli infrasuoni, poiché i bambini possono catturare il suono ad una velocità di 1.500 metri al secondo, mentre un adulto può solo vedere nella gamma visibile tra 400 e 700 nanometri, e sentire i suoni a 340 metri al secondo. Pertanto, i bambini possono vedere e conversare con gli spiriti, cosa che è meno comune quando siamo adulti.

Ma, una volta che conosciamo alcuni dei modi, o come funziona il cervello, che è fatto di materia elettronica; e la mente o la forma di pensiero formata e diretta dall'energia magnetica dello spirito, forse la cosa più importante, è sapere che, queste attività di visualizzazione di immagini le possiamo dirigere sotto la nostra espressa volontà, e in modo cosciente.

Ma l'altro vantaggio è che, in generale, il cervello risponde solo a uno stimolo alla volta, anche se la velocità di passare da un evento all'altro avviene molto velocemente; poiché questa frequenza e sequenza di immagini avviene all'interno del piccolo spazio che forma lo schermo del cervello. E con una sequenza che deve essere logica dal punto di vista del cervello, ma che è assurda quando le immagini formano una storia animata; o che arrivano allo schermo della nostra mente senza una guida visiva comparativa o diretta. Così i sogni senza la nostra guida non hanno senso logico.

Ma questi sono casi speciali, e in generale non saremo in grado di concentrarci o focalizzare una sequenza di immagini per formare una scena quando siamo svegli; ma nemmeno quando siamo completamente addormentati.

Pertanto, è necessario dominare il margine del sonno, per mettere in pausa coscientemente alcune funzioni dell'attività cerebrale, o per concentrarci meglio sui nostri progetti desiderati; o se volete, per rifiutare ciò che non vogliamo; cioè, possiamo anche cancellare o rimuovere dal file mentale, quei dischi o schede di memoria che contengono immagini indesiderabili per i nostri modi di pensare. Oppure possiamo cambiare l'immagine indesiderata con quella desiderata, come nel caso dell'eliminazione dell'alcolismo.

E così, come spiriti, dentro o fuori dal corpo, possiamo percorrere la distanza più velocemente di un raggio di luce; per proiettare ciò che vogliamo su una linea reale di eventi. In modo tale che, quando ci sveglieremo o usciremo dal nostro stato letargico, avremo la sensazione che, effettivamente, abbiamo potuto viaggiare nel tempo. Vale a dire, saremo in grado di proiettare le immagini, di vedere quegli eventi che saremo in grado di collocare in avanti nel tempo rispetto al corpo.

Perché questo tempo è relativo al corpo fisico, perché in realtà è qualcosa che accade nello stesso istante in qualsiasi parte e in qualsiasi luogo dell'Universo. E l'unica differenza è nella distanza che deve percorrere l'energia sotto forma di luce, che è quella che viaggia o porta con sé l'informazione dell'evento. Ma se riusciamo a viaggiare più velocemente della luce, potremo mettere in ordine le immagini per raggiungere quegli eventi desiderati, per essere persone migliori ogni giorno, o per arrivare prima o prima della luce al corpo fisico quando ci svegliamo.

Il primo scienziato che si chiese a quale velocità viaggiassero la luce e il suono, fu proprio Galileo Galilei con i suoi tre personaggi fittizi: Salviati, Sagredo e Simplicio; quando si impegnarono in un dialogo per vedere la differenza di velocità tra la luce e il suono di un cannone, quando l'effetto del lampo arriva prima all'occhio che all'esplosione. Cioè, la luce arriva prima agli occhi che il suono all'orecchio. Questo effetto si può vedere anche tra il suono del tuono e del fulmine. Questi personaggi erano supposti, a causa della paura generata dall'inquisizione.

O per capirlo meglio, diciamo che la luce luminosa è l'energia che l'essere umano può vedere quando è incarnato, e noi possiamo vederla, perché la luce colpisce contro la rugosità degli oggetti, e si disperde sotto forma di fotoni, che non hanno massa. E naturalmente, in questo stesso modo possiamo vedere la luce interna dei nostri eventi; che, per la forma fisica vivente, possono essere eventi che sembrano appartenere al tempo futuro. Ma si capisce già che questo futuro si riferisce a ciò che il corpo fisico percepisce, poiché gli stessi eventi saranno eventi che appartengono al tempo passato rispetto all'energia magnetica dello spirito.

Naturalmente, il modo più facile per viaggiare sulla linea che segna la traiettoria degli eventi, è quando il nostro corpo fisico è addormentato, e che noi come spiriti, ci disconnettiamo o ci separiamo per un momento dal corpo fisico. O anche, in modo cosciente come spiriti, ma essendo il nostro corpo addormentato, possiamo viaggiare più velocemente attraverso lo spazio visivo, ma senza perdere la nostra rotta e l'obiettivo in questo accumulo di immagini.

Dovremmo chiuderci nella stanza sotto chiave, in modo che qualcuno non creda che siamo morti; e così eviteremo di essere sepolti vivi. E non importa se è sotto chiave, perché lo spirito, non avendo massa, non può essere trattenuto da nessuna forma o tipo di materia; o perché lo spirito è fatto solo da energia magnetica; quindi, l'energia dello spirito non interagisce o non si fonde con la materia elettronica. Quindi, lo spirito può passare attraverso qualsiasi ostacolo sul suo cammino. Questo equivale a dire che il corpo rimane addormentato, ma noi come spiriti rimaniamo svegli e saremo in modo cosciente e riflessivo, come se galleggiassimo sopra il corpo. Siamo come lo spirito del nonno defunto. Ma sapremo dove stiamo andando e quali sono i nostri obiettivi, quindi saremo in grado di tornare consapevolmente al corpo, perché la differenza con lo spirito del nonno defunto è che noi abbiamo un corpo.

Per ottenere questo, è necessario, come abbiamo detto, mantenerci situati al limite del sonno; cioè, essere svegli ma inerti senza andare a dormire. Diciamo che generalmente andiamo a letto stanchi; e il giorno dopo ci svegliamo; ma non sappiamo veramente dove siamo stati o in quale luogo abbiamo passato la notte come spiriti. Né saremo in grado di determinare in quale momento ci siamo addormentati.

In modo tale che, se siamo coscienti che il nostro corpo è inerte e noi come spiriti siamo coscienti o svegli, potremo continuare a dirigere la nostra attività mentale; cioè, orientare o servire da guida verso gli obiettivi della nostra attività elettronica, con lo scopo di manifestare queste azioni di pensiero attraverso il corpo nel nostro mondo fisico.

Quindi, il nostro obiettivo, ovvero riuscire a vedere quegli eventi futuri approfittando dell'energia che il nostro modo di pensare ci induce, è quello di riuscire a padroneggiare il modo di come tenerci sull'orlo del sonno, ma senza andare a dormire, in modo che da lì, siamo pronti a proiettare le immagini di ciò che vogliamo veramente vedere e fare. E la sequenza e l'ordine di queste immagini, è ciò che abbiamo detto con il fenomeno phi, ciò che ci dà la sensazione di movimento.

E come possiamo notare, questi eventi sono esclusivi, perché ognuno sta forgiando il proprio mondo; vale a dire, che nessuno potrà vedere, o fare per noi quegli eventi, perché sono eventi che ci riguardano come individui, con lo scopo di realizzare i nostri propri obiettivi come spiriti fatti dall'energia magnetica.

In questo stato di rilassamento, il cervello continuerà a funzionare, perché nella fase di sonno fisiologico si raggiunge una maggiore concentrazione di ossigeno. E forse, questo processo ha a che fare con il fenomeno della bioluminescenza; poiché una sostanza chiamata luciferina, attraverso l'enzima luciferasi, si attiva quando la concentrazione di ossigeno è alta. Perché quando siamo nella prima fase del sonno, respiriamo più profondamente, e la luciferina si illumina quando riceve scariche elettriche, simili ai LED a luce fredda che si attivano e si illuminano facendo passare una corrente di elettroni, che genera immagini in sequenza su uno schermo; e nel nostro caso, sullo schermo della mente.

Da lì, è che nasce la necessità di una respirazione ritmica e profonda prima di iniziare l'esercizio di rilassamento, che ci saturerà di ossigeno e ci porterà a un processo o a cercare di vedere una scena che si verifica in un momento futuro attraverso un sogno indotto.

La prima cosa che dobbiamo fare per rimanere al limite del sonno è raggiungere quello stato di immobilità, che otterremo sdraiandoci sulla schiena su una superficie dura, come un comodo tappeto, o su un letto con un materasso rigido. E sdraiati in questo modo, procederemo a rilassare completamente il corpo.

Per ottenere questo, cominceremo praticando la respirazione cosciente e ritmica in quattro battiti; che può essere la bussola di un battito segnato da un metronomo: 1) espiriamo fino a quando i polmoni sono vuoti. 2) inspiriamo mentre contiamo quattro battiti del cuore o quattro tick del metronomo. 3) tratteniamo il respiro per quattro battiti del cuore o quattro ticchettii del metronomo. 4) soffiamo tutta l'aria fuori dai polmoni per un conteggio di quattro, o quattro tick del metronomo. 5) tratteniamo il respiro a polmoni vuoti per quattro battiti del cuore o ascoltando i ticchettii del metronomo. 6) inspiriamo di nuovo contando quattro battiti, per iniziare un nuovo ciclo di quattro battiti cardiaci, e così via fino a quando non siamo saturi di ossigeno. Poi possiamo ripetere mentalmente la seguente frase: ...qualcosa respira in me...

In quel momento, saremo più tranquilli perché la nostra emoglobina e la mioglobina sono sature di ossigeno; e cominceremo a dirigere i comandi di rilassamento come segue:

...Mi preparo a praticare il mio esercizio quotidiano di rilassamento; mi sento calmo e ben disposto.... Durante 20 minuti, allenerò il mio corpo e la mia mente per condurli al raggiungimento del mio obiettivo; otterrò da questo allenamento, salute integrale; sicurezza e fiducia in me stesso, chiarezza e obiettività nei miei pensieri. Sarò assertivo, energico e determinato. La capacità di relazionarmi con gli altri sarà aumentata, e davanti a loro agirò in modo calmo e sicuro. Il rilassamento aumenterà anche la mia capacità e il mio rendimento sul lavoro; e darà un senso positivo a tutte le cose buone e belle della vita...

In questo momento puoi iniziare la visualizzazione mentale. E dopo che la visualizzazione è finita, si pronuncia mentalmente:

Per uscire dallo stato di rilassamento, mi basterà contare mentalmente da uno a dieci e aprire gli occhi; quando li aprirò, mi sentirò molto bene, la mente molto chiara, felice; soddisfatto della mia esperienza e felice di vivere...

Durante questo tempo di rilassamento cosciente, è più facile proiettarsi nel passato, perché in qualche modo questi eventi remoti ci sono già noti, dato che abbiamo la memoria fisica; ma, possiamo usare questa proiezione indietro nel tempo, per correggere quegli errori che ci sono capitati; o che fanno parte dell'impulso a cui ci ha spinto il nostro modo di vivere in un modo particolare, o la nostra stessa condizione. Cioè, il tipo di famiglia, l'ambiente; il modo in cui siamo nati e le conoscenze che abbiamo raggiunto; o perché non siamo tutti consapevoli da dove veniamo o cosa ci ha motivato all'esistenza fisica.

In modo tale che possiamo approfittare di questo stato di rilassamento per correggere e raggiungere ciò che vogliamo essere, o per eliminare dal nostro cammino quelle qualità negative che ostacolano la nostra esistenza, come le fobie; o per essere d'ora in poi persone migliori con noi stessi e per la società. Cioè, per programmare e riprogrammare ciò che non abbiamo raggiunto; ma allo stesso tempo, per raggiungere ciò che vogliamo essere o fare.

Ma forse questi sogni indotti sono necessari per correggere o ottenere ciò che vogliamo, ma sarebbe l'unica cosa che possiamo usare come tecnica per il nostro rendimento come esseri umani; poiché, non possiamo usarli per ottenere un bene materiale o per arricchirci materialmente; poiché, ciò che si persegue con questi esercizi mentali, è realmente un arricchimento spirituale. Quindi, non dobbiamo dimenticare che tutti gli altri esseri viventi hanno lo stesso diritto di esistere; quindi, sono anche nostri fratelli fisici ed energetici.

SUL LAVORO DELL'AUTORE

Laureata presso la Scuola di Chimica, Facoltà di Scienze, Universidad Central de Venezuela, con una laurea in Tecnologia Chimica. Studi post-laurea in Scienza e Tecnologia Alimentare. Lavoro speciale sulla chimica dei prodotti naturali e sulla chimica delle malattie. Progettista di processi chimici. Libri che puoi trovare su Amazon.com®: "La chimica del cancro". "La chimica del diabete". "L'infarto". "Il morbo di Alzheimer". "La chimica dell'artrite". "La chimica del pensiero". "La chimica dello spirito". "Come si è formato l'universo". "Gli economisti". "Perché non si dovrebbe mangiare carne". "Il micro mondo". "Dio esiste veramente?". "Obiezione alla relatività di Albert Einstein". "Indovinare il futuro". "L'errore dei grandi scienziati". "La vita sul sole". "L'universo prima del tempo zero". "L'energia dello spirito". "L'origine del cancro". "Il mondo delle cellule". "La chimica delle malattie". "La particella che ha creato l'universo". La chimica del cancro, settima edizione. La chimica del diabete sesta edizione; La chimica dell'infarto quarta edizione, "La chimica della memoria"; La chimica dell'artrite terza edizione. "Il potere creativo della mente". La particella che ha formato l'universo terza edizione. "La massa iniziale dell'universo". "Non si dovrebbe mangiare carne". "L'origine del corpo e dello spirito". "Adorare l'universo". "Lo zucchero un nemico in cucina". "Viaggiare nel tempo".

40